Bibliografische Information der Deutschen Nationalbibliothek:

Die Deutsche Bibliothek verzeichnet diese Publikation in der Deutschen National-bibliografie; detaillierte bibliografische Daten sind im Internet über http://dnb.d-nb.de/ abrufbar.

Impressum:

Copyright © 2019 GRIN Verlag
Druck und Bindung: Books on Demand GmbH, Norderstedt Germany
ISBN: 9783346009517

Dieses Buch bei GRIN:

https://www.grin.com/document/496147

Kimberly Heisenberg

Beweglichkeits- und Koordinationstraining für eine 31-jährige Frau

GRIN Verlag

GRIN - Your knowledge has value

Der GRIN Verlag publiziert seit 1998 wissenschaftliche Arbeiten von Studenten, Hochschullehrern und anderen Akademikern als eBook und gedrucktes Buch. Die Verlagswebsite www.grin.com ist die ideale Plattform zur Veröffentlichung von Hausarbeiten, Abschlussarbeiten, wissenschaftlichen Aufsätzen, Dissertationen und Fachbüchern.

Deutsche Hochschule für
Prävention und Gesundheitsmanagement
Hermann Neuberger Sportschule 3
66123 Saarbrücken

Einsendeaufgabe

Fachmodul: Trainingslehre III

Studiengang: Bachelor of Arts - Fitnessökonomie

Datum
Präsenzphase: 20.05.2019 – 22.05.2019

Name, Vorname: Heisenberg, Kimberly

Studienort: **Hamburg**

Semester: **Sommersemester 2017**

Inhaltsverzeichnis

1   Personendaten

Zunächst werden die Personendaten des Probanden anhand allgemeiner und biometrischer Daten erfasst.

1.1   Allgemeine und biometrische Daten

1.1.1   Allgemeine Daten

Untenstehend sind die allgemeinen Daten von Alter über Geschlecht bis zum zeitlichen Verfügungsrahmen zu entnehmen.

Tab. 1: Allgemeine Daten (eigene Darstellung)

Alter	31 Jahre
Geschlecht	weiblich
Körpergröße	173 cm
Körpergewicht	85 KG
Berufliche Tätigkeit	Bürojob - Controlling
Sportliche Aktivität	Sie hat bis zu ihrem 20. Lebensjahr Volleyball im Verein in der Bezirksklasse gespielt. Seit drei Jahren geht sie täglich zwei Mal mit ihrem Dackel spazieren. In Zukunft möchte sie sich Zeit für den Sport nehmen und im Fitnessstudio trainieren.
Leistungsniveau	Im Mannschaftssport Volleyball war die Probandin als Fortgeschrittene einzustufen. Aufgrund der 11 Jahre, die seitdem verstrichen sind, wird sie bezüglich des Bewegungs- und Koordinationstraining nunmehr als Anfängerin eingestuft.

1.1.2   Biometrische Daten

Tab. 2: biometrische Daten (eigene Darstellung)

Blutdruck (Weltgesundheitsorganisation [WHO], 2000)	Systolisch 121 mmHg, diastolisch 82 mmHg
Ruhepuls (WHO, 2000)	70 s/m
Orthopädische / internistische Probleme	Keine orthopädischen oder internistische Probleme
Ärztliche Behandlung	Nicht in ärztlicher Behandlung
Medikamente	Keine Medikamente
Subjektive Beschwerden	Regelmäßig auftretende Rückenschmerzen, Verspannungen im Lendenwirbelsäulenbereich, Nackenverspannungen
Sonstige Einschränkungen	Es liegen keine sonstigen Einschränkungen vor.

1.1.3   Bewertung

Die Probandin hat laut der WHO (2000) einen normalen Blutdruck (der normale Blutdruck liegt in folgender Spanne: systolisch: 120 – 129 mmHg und diastolisch: 80-84 mmHg). Mit einem Ruhepuls von 70 Schlägen pro Minute liegt die Probandin ebenfalls im Normalbereich (WHO, 2000). Zudem liegen weder internistische oder orthopädische Erkrankungen vor, noch befindet sie sich in medikamentöser Behandlung. Auch weitere Einschränkungen sind nicht bekannt. Die erhobenen Daten sprechen für ihre Belastbarkeit und Trainierbarkeit. Folglich kann die Probandin im Rahmen ihrer Kenntnisse voll belastet werden.

2   Beweglichkeitstestung

In Anlehnung an Jandas (2000) Muskelfunktionsüberprüfung wird ein vereinfachtes Testverfahren bei der Probandin zum Einsatz kommen. Es werden Muskelschwächen und Beweglichkeitsdefizite der fünf Hauptmuskelgruppen erfasst: M. pectoralis major, M. iliopsoas, M. rectus femoris, Mm. ischiocrurales, Mm. triceps surae. Dieser Test ist semi-objektiv, da die maximale Gelenkamplitude durch die Schmerztoleranz der Probandin festgelegt wird. Im Folgenden wird der Testablauf mit abschließender Bewertung dargestellt.

2.1 Testablauf

Tab. 3 Testablauf in Anlehnung an Janda (2000)

Muskelgruppe	Ausführung	Bewertung	Ergebnis
M. pectoralis major	Die Probandin befindet sich in Rückenlage auf einer Behandlungsliege. Ihre Beine sind angewinkelt und die Füße liegen mit der Fußsohle auf der Liege auf. Damit Becken und Lendenwirbelsäule (LWS) fixiert bleiben, wird der Bauchnabel nach innen gezogen – der Bauch angespannt. -Zusätzlich fixiert der Trainer den Thorax durch leichten Zug mit der Hand diagonal von zu testender Seite weg. Bei der zu testenden Seite wird der Arm mit einer 90 Grad Beuge im Ellenbogengelenk im Schultergelenk abduziert und außenrotiert. Zu beachten ist außerdem, dass das Anheben des Beckens oder eine Hyperlordose das Ergebnis verfälschen. Gemessen wird der Oberarm im Vergleich zur Horizontalen. Der Test wird mit beiden Seiten durchgeführt.	Stufe 0: keine Defizite – der Oberarm erreicht die Horizontale ohne Hilfe (mit Hilfe sogar weiter). Stufe 1: leichte Defizite – der Oberarm erreicht die Horizontale nur durch Hilfe. Stufe 2: deutliche Defizite – der Oberarm erreicht die Horizontale auch nicht mit Hilfe.	Links: 1 Rechts: 1
M. iliopsoas	Die Probandin bleibt in Rückenlage auf der Liege. Das Gesäß schließt mit der Liege ab, sodass die Beine im Überhang sind. Zu beachten ist, dass das Becken und die LWS fixiert bleiben. Folglich spannt die Probandin die Bauchmuskulatur an. Im Anschluss wird ein Bein angewinkelt und maximal weit zum Körper gezogen. Das andere Bein bleibt locker im Überhang. Der Trainer beobachtet die Flexion des freien Beines und misst bei diesem den Hüftbeugewinkel. Dieser Test wird auf beiden Seiten durchgeführt.	Stufe 0: keine Defizite – der Oberschenkel erreicht Horizontale, durch Hilfe gelangt er sogar weiter. Stufe 1: Leichte Defizite: leichte Hüftbeugestellung, durch leichten Druck des Trainers kann der Oberschenkel die Horizontale erreichen. Stufe 2: Deutliche Defizite – der Oberschenkel erreicht die Horizontale auch nicht mit Hilfe.	Links: 1 Rechts: 1
M. rectus femoris	Die Probandin nimmt die gleiche Position wie bei der Testung des M. iliopsoas ein. Nun wird das freie Bein im Überhang im maximal möglichen Hüftextensionswinkel durch den Trainer fixiert. Dieses Bein wird anschließend vom Trainer in einen maximal möglichen Kniebeugewinkel geführt. Gemessen wird der Kniebeugewinkel. Der Test wird auf beiden Seiten durchgeführt.	Stufe 0: keine Defizite – der Unterschenkel hängt senkrecht herab, mit Hilfe ist eine Vergrößerung der Kniebeugung möglich. Stufe 1: leichte Defizite – der Unterschenkel ist leicht nach vorne gestreckt, mit Hilfe sind 90 Grad im Kniegelenk möglich. Stufe 2: deutliche Defizite – der Unterschenkel ist deutlich nach vorne gestreckt, mit	Links: 0 Rechts: 0

		Hilfe werden keine 90 Grad erreicht.	
Mm. ischiocrura-les	Die Probandin bleibt in Rückenlage auf der Liege und spannt ihren Bauch zwecks Fixierung von Becken und LWS an. Das nicht zu testende Bein ist in Hüft- und Kniegelenk gebeugt, der Fuß ist auf der Liege aufgestellt. Das zu testende Bein wird vom Trainer mit gestrecktem Kniegelenk zur maximal möglichen Hüftflexion geführt. Die Streckung wird gesichert, durch Halten des Beines oberhalb des Sprunggelenks und des Oberschenkels. Der Messbereich ist der Hüftbeugewinkel. Getestet werden beide Seiten.	Stufe 0: keine Defizite – eine Flexion in der Hüfte ist mit mind. 90 Grad möglich. Stufe 1: Leichte Defizite – eine Flexion ist zwischen 80 – 90 Grad möglich. Stufe 2: Deutliche Defizite – eine Flexion ist lediglich bis 80 Grad möglich.	Links: 1 Rechts: 2
Mm. triceps surae	Die Probandin bleibt in Rückenlage auf der Liege. Das nicht zu testende Bein ist angewinkelt und steht auf der Liege. Das zu testende Bein ist gestreckt. Zusätzlich ragt die distale Hälfte des Unterschenkels über Liege hinaus. Der Trainer greift mit einer Hand das zu testende Bein distal am Fersenbein. Die andere Hand greift den Fuß von der Fußaußenkante. Hauptzug ist an der Ferse distalwärts. Der Daumen der anderen Hand lenkt den Vorfuß mit leichtem achsengerechtem Druck an der Fußaußenseite zum Schienbein. Soll nur der M. soleus getestet werden, wird das zu testende Bein im Kniegelenk gebeugt. Der Test wird rechts und links durchgeführt.	Stufe 0: keine Defizite – die Dorsalextension ist mindestens bis 90 Grad möglich. Stufe 1: Leichte Defizite – die 90 Grad werden nicht erreicht, eine Dorsalextension an sich ist aber möglich. Stufe 2: Deutliche Defizite – eine Dorsalextension ist nur bis 80 Grad möglich.	Links: 0 Rechts: 0

2.2 Bewertung

Tab. 4: Bewertung der Ergebnisse des Beweglichkeitstests (eigene Darstellung)

Muskelgruppe	Ergebnis der Probandin	Bewertung
M. pectoralis major	Links: 1 Rechts: 1	Leichte Defizite der Brustmuskulatur. Ergo leichte Beweglichkeitseinschränkungen.
M. iliopsoas	Links: 1 Rechts: 1	Leichte Defizite in der Hüftbeugemuskulatur, also leichte Beweglichkeitseinschränkungen.
M. rectus femoris	Links: 0 Rechts: 0	Keine Defizite, eine bewegliche Kniestreckmuskulatur ist vorhanden.
Mm. ischiocrurales	Links: 1 Rechts: 2	Links leichte Defizite, rechts starke Defizite der Kniebeugemuskulatur, folglich leichte bis starke Beweglichkeitseinschränkungen.
Mm. triceps surae	Links: 0 Rechts: 0	Keine Defizite der Wadenmuskulatur.

Schlussfolgerung:

Die leichten bis starken Bewegungsdefizite stimmen mit den subjektiven Beschwerden der Probandin überein. Folglich ist eine höhere Beweglichkeit der eingeschränkten Bereiche mit der folgenden Trainingsplanung erstrebenswert. Zusätzlich wird ein Krafttraining zur Stärkung der Gesäß- und Rumpfmuskulatur empfohlen.

3 Trainingsplanung Beweglichkeitstraining

3.1 Belastungsgefüge und Zielsetzung

Tab. 5: Ziel und Belastungsgefüge des Dehntrainings (eigene Darstellung)

Motiv	Verringerung der subjektiven Beschwerden
Ziel	Beweglichkeit des M. pectoralis major links und rechts binnen drei Monaten von Stufe 1 auf Stufe 0. Beweglichkeit des M. iliopsoas links und rechts binnen drei Monaten von Stufe 1 auf Stufe 0. Beweglichkeit der Mm. ischiocrurales binnen drei Monaten links von Stufe 1 auf Stufe 0. Rechts binnen sechs Monaten von Stufe 2 auf Stufe 0 – Zwischenziel: binnen drei Monaten von Stufe 2 auf 1.
Trainingseinheiten pro Woche	Drei Trainingseinheiten pro Woche (Zuhause oder im Fitnessstudio) (Rancour, Holmes & Cipriani, 2009, S. 2217-2222)
Satzanzahl	4 Sätze (Rancour, Holmes & Cipriani, 2009, S. 2217-2222)
Dauer der jeweiligen Übung	Statisch: 45 Sekunden (Freiwald, 2000, S. 28-33) Dynamisch: 15 Wiederholungen (Freiwald, 2004)
Pause	60 Sekunden (Schönthaler & Ohlendorf, 2002)
Dehnintensität	Subjektiv maximale Bewegungsreichweite (Marschall, 1999, S. 5-9)
Weitere Faktoren	Zu achten ist auf eine langsame, kontrollierte Bewegungsausführung sowie eine konstante, ruhige Atmung.

3.2 Trainingsplan Beweglichkeit

3.2.1 M. trapezius pars descendens: aktiv, statisch

Funktion des M. trapezius pars descendens ist für die Elevation der Schulter und die Rotation des Kopfes zuständig (Hochschild, 2002, S. 106). Folglich wird für die Dehnung einer Seite die Schulter zu einer Depression gebracht und der Kopf zur entgegengesetzten Seite geneigt. Die Probandin steht zunächst im aktiven Stand: Die Füße stehen schulterbreit fest auf dem Boden, die Knie sind leicht gebeugt und das Becken ist nach vorn gekippt. Bauch und Gesäß sind angespannt. Nun neigt die Probandin ihr linkes Ohr in Richtung der linken Schulter. Ihr rechter Arm hängt zunächst locker am Körper herunter, wird nach der Ohrneigung nun aktiv nach unten gedrückt, bis eine Dehnung im rechten M. trapezius pars descendens zu spüren ist – die Hand bleibt dabei locker. Diese Position wird nun die angegebene Dauer gehalten. Anschließend hält die Probandin die Pausenzeit ein und entspannt dabei. Das Prozedere wird sowohl links als auch rechts mit der angegebenen Satzzahl durchgeführt. Da der M. trapezius pars ascendens aktiv angespannt wird und die Dehnposition gehalten wird, ist diese Dehnung als aktiv, statisch zu klassifizieren.

3.2.2 M. trapezius pars transversa, M. rhomboidei major et minor: bilateral, aktiv, dynamisch

Der M. trapezius pars transversa sowie die Mm. rhomboidei major et minor sind für die Retraktion des Schulterblattes verantwortlich (Hochschild, 2002, S. 106). Aus diesem Grund werden für eine Dehnung die Schulterblätter auseinandergezogen. Die Ausgangsposition ist der aktive Stand. Die Arme werden vor dem Körper auf Schulterhöhe verschränkt und nach vorne gestreckt. Die Dehnposition wird eingenommen, indem die Schulterblätter aktiv durch Anspannung des M. pectoralis major von der Wirbelsäule weggezogen werden, währenddessen bleiben die Schultern tief. Zusätzlich neigt die Probandin das Kinn zur Brust. Anschließend wird die Dehnposition kurz verlassen, indem die Schultern wieder ein Stück zurückgeführt und der Kopf leicht angehoben werden. Dieser Wechsel von Einnahme und Verlassen der Dehnposition wird in der angegebenen Wiederholungszahl durchgeführt.

3.2.3   M. Pectoralis major: unilateral, passiv, dynamisch

Der M. pectoralis major ist für die Adduktion, Innenrotation sowie Anteversion des Armes verantwortlich (Waldeyer & Mayet, 1965, S. 396). Folglich werden zur Dehnung eine Abduktion, Außenrotation und eine Retraktion durchgeführt: Ausgangsposition dieser Übung ist der Stand. Als Hilfsmittel wird eine Wand genutzt. Von der zu dehnenden Seite wird der Arm mit ca. 120 Grad seitlich vom Körper abduziert und an der Wand positioniert. Die Probandin nimmt die Dehnposition ein, indem sie ihren Oberkörper vom zu dehnenden Arm wegrotiert bis sie eine Dehnung spürt. Abwechselnd nimmt sie diese Dehnposition ein und verlässt sie wieder durch Oberkörperrotation zum Arm hin. Diese Übung wird auf beiden Seiten durchgeführt.

3.2.4   M. iliopsoas: aktiv, statisch

Der M. iliopsoas ist für die Flexion in der Hüfte sowie für eine Innenrotation des Oberschenkels zuständig (Schünke, 2000, S. 278). Aus diesem Grund wird zur Dehnung eine größtmögliche Extension angestrebt. Die Probandin kommt aus dem Stand mit einem weiten Ausfallschritt in den Kniestand: Ein Bein ist vor dem Körper mit 90 Grad gebeugtem Kniegelenk aufgestellt. Das hintere Bein liegt mit dem Knie und dem kompletten Unterschenkel auf dem Boden. Der Fuß wird leicht nach innen rotiert. Beide Hüftknochen zeigen weiterhin nach vorne. Der Oberkörper wird mit den Händen auf dem vorderen Bein abgestützt. Nun verlagert die Probandin ihren Körperschwerpunkt nach vorne unten, während der Oberkörper aufgerichtet bleibt. Der M. glutaeus maximus wird für den Dehneffekt zusätzlich angespannt. Für einen noch größeren Dehneffekt streckt die Probandin ihre Oberarme nach oben und rotiert mit dem Rumpf in Richtung des Standbeines. Die Dehnposition wird gehalten. Die Dehnung wird auf beiden Seiten durchgeführt.

3.2.5   M. quadriceps femoris: aktiv, dynamisch

Der M. quadriceps femoris sorgt für eine Flexion in der Hüfte (M. rectus femoris) und im Knie (Schünke, 2000, S. 280). Für die Dehnung aller vier Köpfe muss im Kniegelenk eine maximal mögliche Flexion und im Hüftgelenk eine maximal mögliche Extension durchgeführt werden. Ausgangsposition ist die Seitenlage. Der Kopf liegt auf dem Boden zugewandten Arm, der in Verlängerung des Oberkörpers gestreckt auf dem Boden abgelegt ist. Das unten liegende Bein wird in einem rechten Winkel im Kniegelenk vor dem Körper abgelegt. Das oben liegende Bein wird im Kniegelenk gebeugt und von der Hand des oberen Arms oberhalb des Sprunggelenks gefasst. Das Becken wird nun maximal nach vorn gekippt, anschließend wird das Knie maximal zum Gesäß gezogen, der M. glutaeus maximus ist angespannt. Während der Dehnung sind beide Oberschenkel parallel zueinander und zum Boden. Diese Dehnposition wird abwechselnd eingenommen und wieder verlassen. Ebenfalls wird diese Übung auf beiden Seiten durchgeführt.

3.2.6   M. Glutaeus maximus: passiv, dynamisch

Der M. glutaeus maximus ist für die Streckung der Hüfte sowie für Abduktion und Adduktion in der Hüfte zuständig (Schünke, 2000, S. 281), weshalb für dessen Dehnung die Hüfte maximal weit gebeugt werden sollte. Ausgangsposition ist bei dieser Dehnung wieder die Rückenlage. Ein Bein wird mit gebeugtem Kniegelenk auf dem Boden aufgestellt. Das Bein der zu dehnenden Seite wird in der Hüfte nach außen rotiert und mit dem Unterschenkel auf der Oberschenkelvorderseite des auf dem Boden abgestellten Beines abgelegt. Die Dehnposition wird eingenommen, indem das abgestellte Bein mit beiden Händen an der Oberschenkelrückseite gegriffen und zum Oberkörper gezogen wird. Hierbei hängt der Unterschenkel locker nach unten. Während der Dehnung wird der Zug am Bein abwechselnd gelöst und wieder verstärkt. Die Dehnung wird auf beiden Seiten durchgeführt. Passiv ist die Dehnung, da der Zug auf das sogenannte Stützbein mit der Kraft der Arme, bzw. des Oberkörpers, ausgelöst wird.

3.2.7   Mm. Ischiocrurales: postisometrisch

Diese Muskelgruppe ist für die Extension der Hüfte und die Flexion des Kniegelenkes zuständig (Schünke, 2000, S. 282). Somit ist es unerlässlich, die Hüfte in eine Flexion und das Kniegelenk in eine Extension zu bringen. Die Dehnung des M. biceps femoris, M. semimembranosus und M. semitendinosus erfolgt postisometrisch in Rückenlage. Für diese Dehnung wird ein Trainingspartner benötigt. Ein Bein wird im Kniegelenk angewinkelt mit dem Fuß auf dem Boden aufgestellt. Die Probandin streckt das andere Bein durch, lässt den Fuß dabei ganz locker. In der ersten Phase kontrahiert die Probandin die Zielmuskulatur für sechs bis zehn Sekunden, indem sie ihr ausgestrecktes Bein gegen den Widerstand des Trainingspartners drückt. Anschließend wird die Muskulatur für zwei bis drei Sekunden entspannt. Danach hält der Trainingspartner das gerade Bein oberhalb des Sprunggelenks sowie am Oberschenkel, um das Bein gerade zu fixieren. Nun wird mit dem geraden Bein eine maximal mögliche Hüftflexion durchgeführt – im Rahmen der

Schmerzgrenze. Ebendiese Dehnposition wird für 20 bis 30 Sekunden statisch gehalten. Dieser Wechsel wird 60 Sekunden pro Bein wiederholt (Hohmann, Lames & Letzelter, 2002, S. 100).

3.2.8 M. obliquus internus et externus, M. pectoralis major: unilateral, passiv, statisch

M. obliquus internus et externus sind an der Rumpfflexion, der Rotation und der Exspiration beteiligt (Schünke, 2000, S. 199-201). Die Funktion des M. pectoralis major wurde in Punkt 3.2.3. genauer beschrieben. Ausgangsposition für die Dehnung der seitlichen Rumpfmuskulatur ist die Rückenlage. Die Beine werden im Kniegelenk zu 90 Grad gebeugt eng aufgestellt. Ihre Arme abduziert die Probandin ca. 120 Grad und legt diese dann außenrotiert auf dem Boden ab. Die angewinkelten Beine werden nun zu einer Seite geneigt und auf dem Boden abgelegt. Der Schultergürtel bleibt während der gesamten Übung auf dem Boden. Die Dehnposition wird gehalten. Im Anschluss wird die Dehnung auf der anderen Seite durchgeführt. Diese Dehnung ist passiv, da die Probandin ihre Rumpfrotatoren mittels Schwerkraft dehnt, indem sie die Beine auf der Seite auf dem Boden ablegt.

3.2.9 Mm. erector spinae: aktiv, statisch

Die Mm. erector spinae dienen der Streckung des Rückens (Schünke, 2000, S. 171-175). Die Ausgangsposition zur Dehnung der Mm. erector spinae ist der Vierfüßlerstand: Die Hände sind unter der Schulter auf dem Boden abgelegt, die Arme leicht gebeugt. Beide Knie sind unter der Hüfte auf dem Boden, die Zehen sind aufgestellt. Die Probandin spannt ihre Bauchmuskulatur aktiv an, indem sie ihren Bauchnabel anzieht, und wölbt die Wirbelsäule im Rahmen ihres physiologischen Bewegungsspielraums nach oben. Diese Position wird gehalten.

3.2.10 M. gastrocnemius: aktiv, dynamisch

Der M. gastrocnemius ist für die Plantarflexion des Fußes verantwortlich (Schünke, 2000, S. 319). Folglich wird dieser Muskel durch eine größtmögliche Dorsalextension gedehnt. Die Probandin kommt nun wieder in den Stand zurück. Ein Bein wird gestreckt nach hinten gestellt und mit der kompletten Fußsohle abgesetzt. Beide Zehenspitzen zeigen parallel nach vorne. Das vordere Bein ist im Kniegelenk leicht gebeugt und auch der Oberkörper ist nach vorne gebeugt, sodass das hintere Bein und der Oberkörper eine Linie bilden. Durch das gebeugte vordere Knie und die Schwerpunktverlagerung nach vorne unten, wird eine Dorsalextension im hinteren Bein vergrößert und somit die Dehnposition eingenommen. Diese Dehnposition wird abwechseln eingenommen und durch Streckung des vorderen Beines verlassen. Die Dehnung wird sowohl rechts als auch links durchgeführt.

3.3 Begründung

Es werden die großen Muskelgruppen des Körpers gedehnt, da weder orthopädische noch internistische Probleme der Probandin bekannt sind. Folglich konnte sich der Plan auf die subjektiven Beschwerden fokussieren. Für Abwechslung im Plan sorgt der ausgewählte Mix aus aktiven, passiven, postisometrischen, statischen und dynamischen Übungen. Darüber hinaus beinhaltet der Plan viele statische Übungen, da diese als Anfänger leichter zu erlernen sind. Generell ist der Plan so aufgebaut, dass sich die Probandin aus dem Stand langsam in die Rückenlage und wieder zurück arbeiten kann und somit einen angenehmeren Trainingsablauf hat.

4 Trainingsplanung Koordinationstraining

4.1 Belastungsgefüge

Tab. 6: Belastungsgefüge Koordinationstraining (eigene Darstellung)

Motiv	Gleichgewicht verbessern
Ziel	Verbesserung der Werte im Sportmotorischen Koordinationstest nach Chwilkowski (2006, S.115-117) auf „sehr gut" im einbeinigen Stand, im Hopserlauf und beim Balancieren.
Trainingseinheiten pro Woche	Drei Trainingseinheiten (Chwilkowski, 2006, S. 61)
Satzanzahl	Drei Sätze (Chwilkowski, 2006, S. 61)
Dauer der jeweiligen Übung	Statisch: 5-10 Sekunden (Chwilkowski, 2006, S. 61) Dynamisch: 5 Wiederholungen (Chwilkowski, 2006, S. 61)
Pause	60 Sekunden (Chwilkowski, 2006, S. 61)

4.2 Trainingsplan Koordination

Untenstehend der Trainingsplan für das Koordinationstraining. Grundvoraussetzung ist der kurze Fuß nach Janda (Häfelinger et al., 2007, S. 64) welcher im Vorfeld stattfand.

4.2.1 Beidbeiniger Stand, Ball nach vorne halten

Die Probandin steht im aktiven Stand. Mit ihren Armen, die sie auf Schulterhöhe nach vorne ausgestreckt hat, hält sie einen Pilatesball fest.

4.2.2 Einbeiniger Stand, Ball nach vorne halten

Die Position wird beibehalten, jedoch hebt die Probandin nun ein Bein, um im einbeinigen Stand den Ball zu halten. Diese Übung wird mit beiden Beinen durchgeführt.

4.2.3 Einbeiniger Stand, Ball um Rumpf

Der einbeinige Stand bleibt bestehen. Nun wird der Ball abwechselnd links und rechts herum um den Rumpf gerollt. Auch diese Übung wird mit beiden Beinen durchgeführt.

4.2.4 Einbeiniger Stand, Ball über dem Kopf von Hand zu Hand reichen

Im einbeinigen Stand werden die Arme auf Schulterhöhe zur Seite ausgestreckt. In einer Hand befindet sich der Pilatesball. Nun werden die Arme über dem Kopf zusammengeführt und der Ball in die andere Hand übergeben. Anschließend werden die Arme wieder auf Schulterhöhe gesenkt. Die Übung wird mit beiden Beinen durchgeführt.

4.2.5 Einbeiniger Stand auf dem Balancepad

Es wird ein Balancepad als labiler Untergrund hinzugezogen. Die Probandin führt den einbeinigen Stand mit beiden Beinen auf dem Balancepad durch. Ihre Hände hängen dabei locker am Körper herunter. Um das Gleichgewichtsorgan ein wenig zu irritieren wird der Blick zur Decke gerichtet.

4.2.6 Einbeiniger Stand auf dem Balancepad, freies Bein schwingen

Im einbeinigen Stand auf dem Balancepad wird das freischwebende Bein nach vorne und hinten geschwungen. Diese Übung wird mit beiden Beinen durchgeführt.

4.2.7 Einbeiniger Stand auf dem Balancepad, freies Bein als 8 schwingen

Die Übung ist wie Übung 4.2.6. aufgebaut, das freie Bein schwingt lediglich eine „8".

4.2.8 Einbeiniger Stand auf dem Balancepad, Ball vorhalten

Diese Übung ist Übung 4.2.2 nur mit der Schwierigkeit des Balancepads.

4.2.9 Einbeiniger Stand auf dem Balancepad, Ball werfen

Für diese Übung wird ein Trainingspartner benötigt. Die Probandin steht im einbeinigen Stand auf dem Balancepad und wirft mit ihrem drei Meter entfernten Trainingspartner den Pilatesball hin und her.

4.2.10 Einbeiniger Stand auf dem Balancepad, Ball fangen unter Druck

Diese Übung ist wie die zuvor beschriebene. Erschwerend hat die Probandin die Augen geschlossen. Der Trainingspartner wirft den Ball im hohen Bogen und ruft „Hep!". Erst nach diesem Befehl darf die Probandin die Augen öffnen, den Ball fangen und anschließend zurückwerfen und die Augen schließen. Die Druckbedingungen sind: Zeit-, Präzisions- sowie Organisationsdruck.

4.3 Begründung

Die oben aufgeführten Übungen sind auf die Probandin zugeschnitten – sie wurde zu Beginn als Anfängerin für Koordinationstraining eingestuft. Sämtliche Übungen trainieren die intermuskuläre Koordination. Die Übungen gehen von koordinativ weniger anspruchsvollen, zu koordinativ anspruchsvolleren Übungen über, also von einfachen zu komplexen Anforderungen (Chwilkowski, 2006, S. 56-58). Zu Beginn der Trainingseinheit wird statisch gehalten, bevor zu den dynamischen Übungen gewechselt wird (Chwilkowski, 2006, S. 56-58). Ebenso wechselt der Untergrund von einer stabilen zu einem labilen Untergrund (Chwilkowski, 2006, S. 56-58). Bevor Ball und Balancepad kombiniert werden, werden beide Elemente einzeln eingebaut. Im Rahmen des Trainingsplanes werden Reaktions-, Orientierungs-, Gleichgewichts- sowie Kombinations- und Kopplungsfähigkeit (Neumaier und Mechling, 1994, S. 93-105).

5 Literaturrecherche

Tab. 7: Studiendarstellung zum Thema Effekte des Dehnens im Hinblick auf eine Verletzungsprophylaxe (eigene Darstellung)

Titel der Studie	Prevention of running injuries by warm-up, cool-down, and stretching exercises.	A randomized trial of preexercise stretching for prevention of lower-limb injury
Durchgeführt von	van Mechelen, W., Hlobil, H., Kemper, H., Voorn, W., de Jongh, H.	Pope, R., Herbert, R., Kirwan, J., Graham, B.
Jahr der Publizierung	1993	2000
Versuchspersonen	321 männliche Freizeitläufer; 167 Kontroll- und 159 Interventionspersonen	1538 Armee-Rekruten, männlich
Versuchsaufbau	Die Probanden wurden zufällig in eine Interventions- und eine Kontrollgruppe aufgeteilt. Während der 16-wöchigen Studie führten beide Gruppen ein tägliches Tagebuch über ihre Laufstrecke und Zeit und berichteten über alle Verletzungen. Die Interventionsgruppe hielt ein standardisiertes Programm ein. Am Ende des Studienzeitraums wurde erneut gemessen.	Die Probanden wurden zufällig der Dehnungs- oder Kontrollgruppe zugeteilt. Während des darauffolgenden Trainings von 12 Wochen führten beide Gruppen vor dem Training aktive Aufwärmübungen durch. Zusätzlich führte die Dehnungsgruppe unter Aufsicht für jede der sechs Hauptbeinmuskelgruppen eine statische Dehnung von 20 Sekunden durch.
Ergebnisse	Es gab 23 Verletzungen in der Kontrollgruppe und 26 in der Interventionsgruppe. Die Inzidenz von Verletzungen bei Kontroll- und Interventionspersonen betrug 4,9 bzw. 5,5 Laufverletzungen pro 1000 Stunden. Die Intervention war nicht effektiv bei der Reduzierung der Anzahl der Laufverletzungen; Es erwies sich als signifikant wirksam (P <0,05) die spezifischen Kenntnisse der Aufwärm- und Abkühltechniken in der Interventionsgruppe zu verbessern.	Während des Trainingszeitraums wurden 333 Verletzungen der unteren Extremitäten registriert; davon 214 Weichteilverletzungen. Es gab 158 Verletzungen in der Dehnungs-Gruppe und 175 in der Kontrollgruppe. Es gab keine signifikanten Auswirkungen der Dehnung vor dem Training auf das Risiko für alle Verletzungen.
Schlussfolgerung	Diese positive Veränderung kann vielleicht als erster Schritt auf dem Weg zu einer Verhaltensänderung angesehen werden, die letztendlich zu einer Verringerung der Laufverletzungen führen kann.	Ein typisches Protokoll zur Dehnung der Muskeln, das während des Aufwärmens vor dem Training durchgeführt wird, führt zu keiner klinisch bedeutsamen Risikoreduktion von bewegungsbedingten Verletzungen bei Rekruten der Armee.

6   Literaturverzeichnis

Chwilkowski, C. (2006): *Medizinisches Koordinationstraining - Verbesserung der Haltungs- und Bewegungskoordination durch Propriozeption* (2. Aufl.). Köln: Deutscher Trainer Verlag.

Freiwald, J. (2000): *Dehnen im Sport und in der Therapie.* In: *Die Säule* 4 (1), S. 28–33.

Freiwald, J. (2004): *Dehnen - Legenden, Fakten.* Waldenburg, 2004.

Häfelinger, U., Schuba, V. & Häfelinger-Schuba (2007): *Koordinationstherapie – propriozeptives Training* (3. Aufl.). Aachen: Meyer & Meyer.

Hochschild, J. (2002): *Strukturen und Funktionen begreifen: Funktionelle Anatomie – Therapierelevante Details* (2. Aufl.). Stuttgart: Georg Thieme Verlag.

Hohmann, A., Lames, M. & Letzelter, M. (2002). *Einführung in die Trainingswissenschaft* (Limpert Sportwissenschaft, 2. Aufl.). Wiebelsheim: Limpert.

Janda, V. (2000): *Manuelle Muskelfunktionsdiagnostik* (4. Aufl.). München: Urban & Fischer.

Marschall, F. (1999): Wie beeinflussen unterschiedliche Dehnintensitäten kurzfristig die Veränderung der Bewegungsreichweite? *Deutsche Zeitschrift für Sportmedizin* 50 (1), S. 5–9.

Neumaier, A. & Mechling, H.: *Taugt das Konzept "koordinativer Fähigkeiten" als Grundlage für sportartspezifisches Koordinationstraining?* Unter Mitarbeit von Blaser, P., Witte, K. & Stucke, C. In: Steuer- und Regelvorgänge der menschlichen Motorik, S. 93–105.

Pope, R., Herbert, R., Kirwan, J. & Graham, B. (2000): A randomized trial of preexercise stretching for prevention of lower-limb injury. In: *Med. Sci. Sports Exerc,* 32 (2), S. 271–277.

Rancour, J., Holmes, C.F. & Cipriani, D.J. (2009): The effects of intermittent stretching following a 4-week static stretching protocol: a randomized trial. In: *Journal of strength and conditioning research / National Strength & Conditioning Association*, 23 (8), S. 2217–2222.

Schönthaler, S. R. & Ohlendorf, K. (2002): *Biomechanische und neurophysiologische Veränderungen nach ein- und mehrfach seriellem passiv-statischem Beweglichkeitstraining* (1. Aufl.). Köln: Sport und Buch Strauß.

Schünke, M. (2000): *Topografie und Funktion des Bewegungssystems: Funktionelle Anatomie* (2. Aufl.). Stuttgart: Georg Thieme Verlag.

van Mechelen, W., Hlobil, H., Kemper, H., Voorn, W. & de Jongh, H. (1993): Prevention of running injuries by warm-up, cool-down, and stretching exercises. In: *Am J Sports Med.*, 21 (5), S. 711–719.

Waldeyer, A. & Mayer, A. (1965): *Anatomie des Menschen für Studierende und Ärzte dargestellt nach systematischen, topographischen und praktischen Gesichtspunkten.* Berlin: de Gruyter.

World Health Organization (2000): *Obesity: Preventing and Managing the Global Epidemic - Report of a WHO Consultation.* Zugriff am: 02.06.2019. Verfügbar unter http://www.lob.de/cgi-bin/work/suche2?titnr=210481803&flag.

7 Tabellenverzeichnis